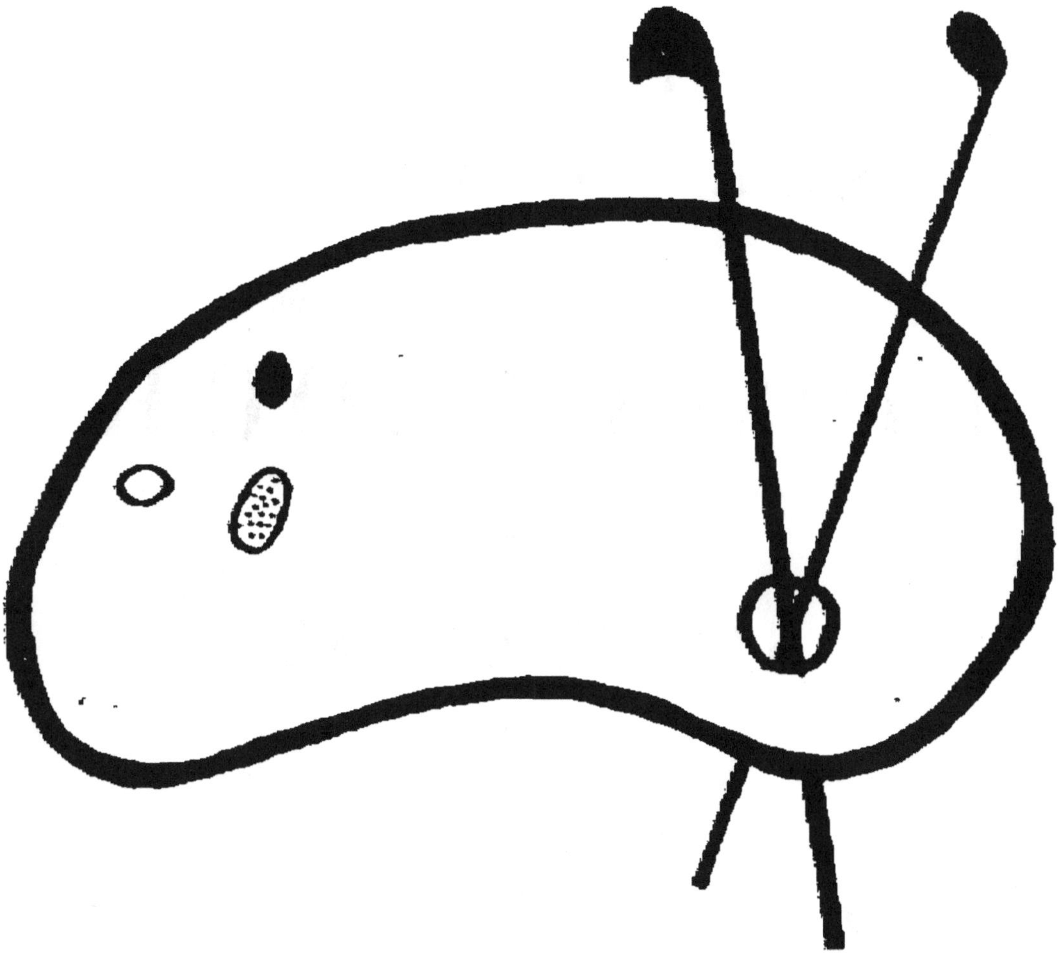

DEBUT D'UNE SERIE DE DOCUMENTS EN COULEUR

ANTIQUITÉS CHRÉTIENNES DU QUERCY

ESSAI
SUR L'ORIGINE
DE
ROCAMADOUR
ET LA
SAINTE COIFFE

PAR

M. BOURRIÈRES

Professeur au Collège des Petits-Carmes

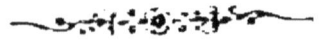

CAHORS
IMPRIMERIE CADURCIENNE

1888

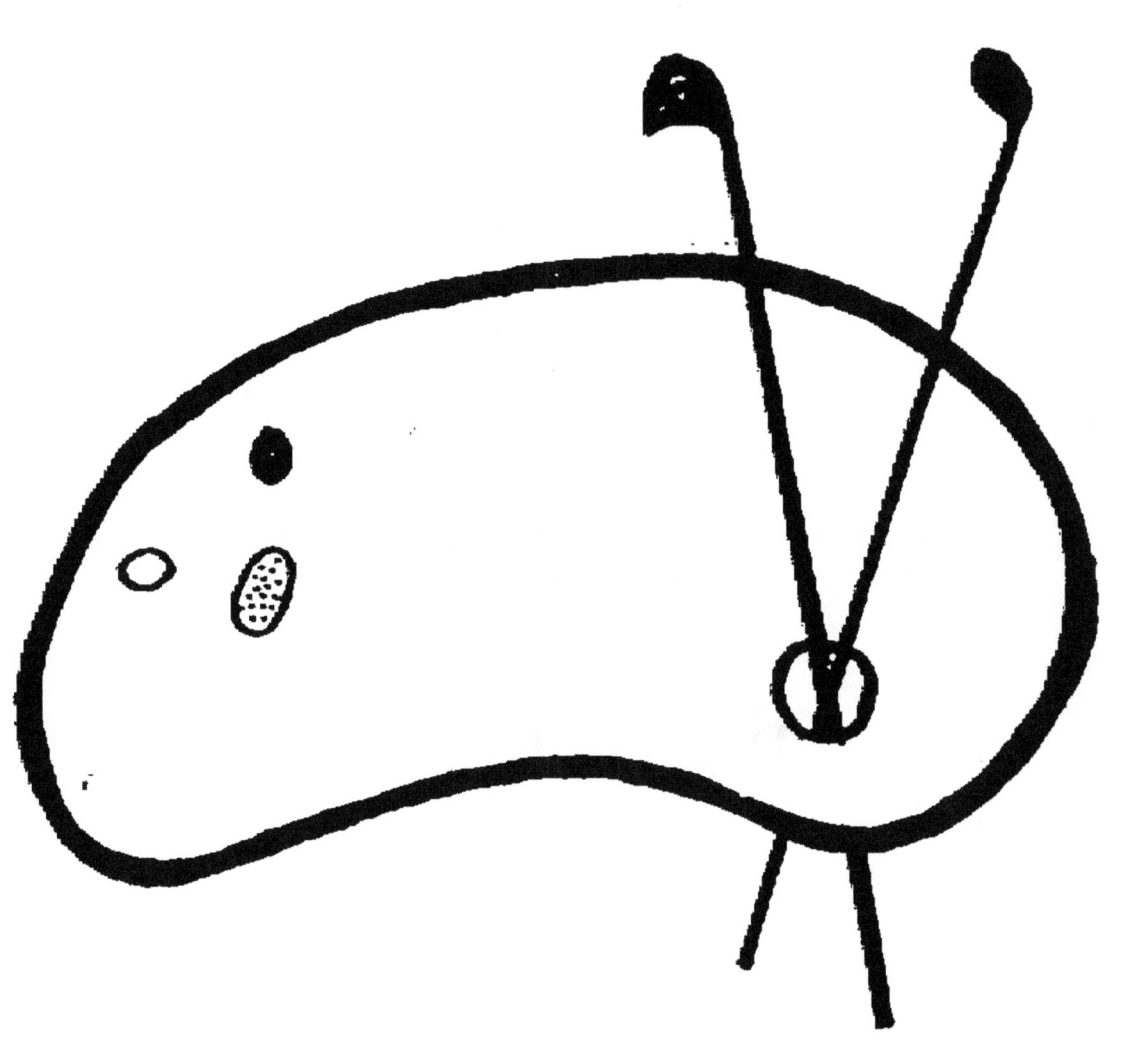

FIN D'UNE SERIE DE DOCUMENTS
EN COULEUR

ANTIQUITÉS CHRÉTIENNES

DU QUERCY

CAHORS. — IMPRIMERIE CADURCIENNE
5, rue du Parc, 5.

ANTIQUITÉS CHRÉTIENNES DU QUERCY

ESSAI

SUR L'ORIGINE

DE

ROCAMADOUR

ET LA

SAINTE COIFFE

PAR

M. BOURRIÈRES

Professeur au Collège des Petits-Carmes

CAHORS
IMPRIMERIE CADURCIENNE
—
1888

LA SAINTE COIFFE

Tous les ans, pendant la semaine de la Passion, la relique précieuse que notre cathédrale possède est exposée à la vénération des fidèles. Le vendredi qui précède le dimanche des Rameaux, au sermon du soir, une foule compacte se presse, avide de contempler le linge qui a eu l'honneur d'envelopper le chef de l'Homme-Dieu. Nos populations du Quercy sont heureuses d'entendre parler de la sainte Coiffe; elles se laissent répéter sans ennui une histoire connue de tous.

Dans ce travail, nous n'avons pas la prétention de donner des résultats nouveaux et définitifs. Nous croyons seulement utile, dans l'intérêt d'un ouvrage que nous préparons, de faire connaître le fruit de nos recherches. Soumettant à la critique les opinions en présence desquelles nous nous trouvons, faisant appel à tous les chercheurs, appelant l'attention sur un sujet des plus intéressants, nous espérons par ce moyen arriver à mettre la main sur des documents permettant de résoudre définitivement les questions encore douteuses.

Nous n'avons pas d'autre intention en livront ce travail à la publicité.

I.

Cahors a subi, dans le cour des temps, des bouleversements nombreux. Au VIe siècle, la ville gallo-romaine fut détruite de fond en comble par Théodebert. Il ne resta debout que l'ancien pont de Notre-Dame, le portail des Thermes et quelques parties de l'aqueduc qui amenait l'eau potable. Tous les documents relatifs aux temps apostoliques durent disparaître dans l'incendie.

Sous Pépin le Bref, pendant la lutte contre Waïffre, le Quercy fut souvent ravagé. Plus tard, les Normands, remontant le Lot, vinrent jusqu'à notre ville et la pillèrent plusieurs fois.

Les Anglais emportèrent d'Aquitaine et entassèrent dans la tour de Londres le contenu de nos bibliothèques. On compulse en ce moment ces précieux manuscrits. Les huguenots, après la prise de Cahors, brûlèrent les archives de la cathédrale. Enfin, en 1828, on vendit au poids les anciennes archives de l'évêché, entassées depuis la Révolution dans les combles de la préfecture.

On comprendra facilement combien il est difficile, en présence d'une telle pénurie de matériaux, de faire une monographie complète, de reconstituer l'historique d'un objet ou d'un lieu.

Toutefois, nous ne perdrons pas courage. A cause des facilités de communication et des recherches nombreuses qui se font de toute part, on parvient souvent à découvrir dans des lieux parfois bien éloignés des pièces importantes.

L'histoire manuscrite du Quercy, par de Malleville, n'a-t-elle pas été retrouvée dans la bibliothèque de Grenoble ? Nous comptons sur la Providence ; elle nous aidera, nous l'espérons, à mener à bonne fin notre entreprise.

L'authenticité du Saint-Suaire conservé à Cahors est établie par des preuves dont nous allons rapidement énumérer les principales.

Le suaire de la tête de Notre-Seigneur que nous possédons a la forme d'une coiffe, comme l'indique son nom vulgaire. Il est formé d'un assez grand nombre de doubles. Il ne présente qu'une seule couture dans le milieu. On y remarque un assez grand nombre de taches de sang, dont plusieurs assez considérables. Il est en fin lin d'Egypte.

Les juifs ensevelissaient leurs morts de trois manières différentes, suivant la fortune des familles. Pour Notre-Seigneur Jésus-Christ, on a suivi la méthode employée pour les personnes les plus riches.

Après avoir été descendu de la croix, le corps de notre Sauveur fut étendu sur un très grand suaire, qui, pendant longtemps, a été conservé à Besançon. Ce suaire, caché pendant la première révolution, n'a pas encore été retrouvé.

Les disciples et les saintes femmes laissèrent pendant quelque temps le corps de Notre-Seigneur entre les bras de sa divine Mère ; après quoi, ils le transportèrent sur une pierre de marbre rouge située non loin du tombeau. Les disciples lavèrent le corps avec soin. Joseph d'Arimathie recueillit même les ablutions ; une partie est conservée à Bruges. Après avoir enduit le corps de parfums, on le revêtit de ses suaires. Les yeux furent fermés au moyen de bandelettes de lin faisant le tour de la tête. On plaça ensuite la sainte Coiffe. Elle couvrait les cheveux jusqu'au cou et le front jusqu'aux sourcils.

Ce suaire, se boutonnant sous le menton, maintenait la bouche fermée. Les bras furent ensuite appliqués contre le corps et liés avec des bandelettes. On rapprocha les jambes et on les attacha de même. Les disciples placèrent le corps sur des linges recouverts d'une épaisse couche d'aloès et de myrrhe.

On roula le corps dans ces linges. Pour la tête, on employa des suaires particuliers. Ces linges, mesurant de trois à quatre pieds de côté, étaient ramenés sur la face et liés autour du cou.

Le corps fut enveloppé dans plusieurs doubles, séparés par des parfums. La grande quantité d'aloès et de myrrhe employée explique la multiplicité des suaires. Pour ensevelir un cadavre ordinaire, six livres de parfums suffisaient ; pour le corps de Notre-Seigneur Jésus-Christ, on en mit, dit l'Évangile, cent livres.

On connaît plusieurs suaires ayant servi à

envelopper le corps et la tête de notre Sauveur ; mais celui de Cahors est unique quant à la forme.

Sous l'empereur Honorius, on découvrit le corps du prophète Zacharie. Il était enseveli de la manière qui nous a été indiquée. La tête était enveloppée d'une coiffe. Les cheveux étaient rasés et la barbe taillée en pointe. On ne toucha pas aux cheveux et à la barbe de Notre-Seigneur. L'usage défendait de le faire pour les condamnés.

La forme de la sainte Coiffe est, d'après ce que nous venons de dire, une preuve de son authenticité. Il en est de même de son tissu.

La relique dont nous parlons fut montrée à l'illustre Champollion. Ce savant déclara que le tissu était de l'époque de Cléopâtre.

Quelques personnes pourraient voir une difficulté dans ce fait que l'époque assignée par Champollion est antérieure à celle où vivait Notre-Seigneur.

Nous ferons observer que la civilisation met toujours du temps à se répandre. Au moyen âge, les diverses formes d'architecture demandaient un siècle pour se transmettre du nord au midi de la France. Les modifications dans les procédés de tissage ont bien pu employer le même temps pour passer de l'Egypte à la Palestine. Il serait d'ailleurs possible que le tissu de l'époque de Cléopâtre fût recherché et que ce fût la raison pour laquelle il aurait été choisi par Joseph d'Arimathie.

Lors du repas de la Cène, et pour l'ensevelissement de Notre-Seigneur, quelques disciples, possédant une fortune considérable, s'efforcèrent de déployer le plus grand luxe possible.

Nous avons parlé de taches que porte la sainte Coiffe. Mgr d'Hautpoul, à peine installé sur son siège épiscopal, désigna une commission de médecins pour les examiner. Elle déclara qu'elles étaient bien réellement des taches de sang.

II

Les preuves historiques de l'authenticité de la sainte Coiffe sont nombreuses.

L'Eglise, avant de permettre d'exposer les reliques à la vénération des fidèles, les soumet à un examen des plus sérieux. A plusieurs époques, les Souverains Pontifes ont édicté des règles précises sur le sujet. Chaque fois, le Saint-Suaire, conservé à Cahors a été soumis à une critique sévère ; toujours son authenticité a été facilement constatée.

Parmi les faits et les documents de valeur nous ne citerons que les deux principaux.

Le 26 août 1119 le pape Calixte II, venant de Toulouse, passe à Cahors et y consacre le maître-autel et l'autel du Saint-Suaire. Les huguenots s'emparèrent plus tard de ce dernier. Il fut transporté à Cenevières, où, en 1634, le retrouva François de Roaldès, chanoine théologal de Cahors.

Par une bulle du 22 janvier 1487, le pape Innocent VIII accorda des indulgences à ceux qui visiteraient la chapelle du Sain -Suaire.

Cette bulle était scellée du sceau de dix cardinaux.

Nous ferons observer que le premier fait est postérieur seulement de trois cents ans au règne de Charlemagne. La bulle est antérieure de cent ans à l'incendie des archives. Elle est d'une époque où l'on se montrait particulièrement rigoureux.

Après avoir établi l'authenticité de l'insigne relique que l'église de Cahors est heureuse de posséder, nous allons parler de son origine.

Moins heureux qu'à l'époque du pape Calixte II et du pape Innocent VIII, nous ne pouvons, pour le moment, nous prononcer les preuves en main : elles sont actuellement détruites. Nous sommes obligé d'avoir recours à la tradition, en attendant qu'il nous soit possible de découvrir quelque document précis, suffisamment ancien et incontestable.

En recherchant l'origine de la sainte Coiffe, on se trouve en présence de trois traditions différentes :

La première, existant surtout chez le vulgaire illettré, l'attribue à saint Amadour, *premier évêque* de Cahors ;

La seconde, ayant cours au XVI° siècle et dont nous avons retrouvé la trace, la faisait donner à la cathédrale de Cahors par Pépin le Bref, qui l'aurait reçue des papes ;

La troisième, et la plus répandue, veut que ce soit l'empereur Charlemagne qui ait doté notre cathédrale de ce précieux trésor.

Afin d'exposer avec netteté l'état de la question, nous sommes obligé de faire quelques digressions. Nous nous le permettons d'autant plus facilement que les sujets accessoires que nous allons traiter intéressent au plus haut point l'histoire religieuse du Quercy.

Dans le siècle dernier, on a voulu battre en brèche les vieilles traditions des Gaules, d'après lesquelles notre patrie aurait été évangélisée par les disciples même de Notre-Seigneur. Les savants travaux de M. Faillon, de Marbelot et de tant d'autres, ont eu raison de ces attaques. Nous nous rangeons à l'opinion de ceux qui font de saint Martial un apôtre du premier siècle ; de saint Amadour, le Zachée de l'Evangile ; de sainte Véronique de Soulac, la sainte femme qui eut l'honneur d'essuyer la douloureuse face de notre Sauveur sur la voie du Calvaire.

Nous allons donner nos preuves à l'appui en esquissant la vie de saint Amadour et de sainte Véronique. On y trouvera un grand nombre de détails inédits.

Après sa conversion, Zachée et son épouse Bérénice se mirent au service de Notre-Seigneur Jésus-Christ et de sa sainte Mère. Bérénice, appelée, immédiatement après la résurrection du Sauveur, auprès de l'empereur Tibère, se rendit à Rome, portant avec elle le voile de la sainte Face. Elle guérit l'empereur de la lèpre au moyen de ce linge miraculeux. Elle revint aussitôt en Palestine auprès de la sainte Vierge.

Sous la persécution de Saul, en l'an 28, Zachée, Bérénice, de même que saint Lazare, sainte Marthe et sainte Madeleine, obligés de s'enfuir, quittèrent la Palestine et se rendirent dans l'île de Chypre, pendant que la très sainte Vierge se retirait à Ephèse. D'après la tradition, la Mère de Dieu aurait recommandé, lors de leur départ, d'une manière particulière, l'évangélisation des Gaules aux disciples dont nous parlons.

Lazare, Zachée, Simon le lépreux, Joseph d'Arimathie furent, à cette époque, sacrés évêques. Lazare occupa pendant quelque temps le siège de Cithium, et Zachée celui de Césarée.

Quelques années plus tard, Marthe, Madeleine et ensuite saint Lazare, sur l'ordre de saint Pierre, partent pour les Gaules et abordent en Provence.

Zachée et Bérénice font de même peu de temps après. Ils abordent d'abord dans l'île de Zante. Se conformant à l'usage suivi par la plupart des disciples, ils ont déjà pris un nom latin. Nous retrouvons leurs traces dans cette île, sous le nom d'Amator et de Véronique. Ils évangélisent cette île et repartent pour l'Occident.

Amator et Véronique abordent à Marseille. Là, en compagnie de Simon le lépreux et de Joseph d'Arimathie, ils se rendent en Espagne, où prêche saint Jacques. Ils aident ce grand apôtre dans ses travaux. Avec Joseph d'Arimathie, ils s'embarquent plus tard au cap Finistère (Espagne). Ils abordent à l'embouchure de la Gironde. Joseph d'Arimathie continue ses excursions sur les côtes de France et jusque dans la Grande-Bretagne.

Amator et Véronique bâtissent sur les bords de la mer une pauvre cabane, dans laquelle ils vivent, se livrant au jeûne et à la prière.

Vers l'an 42, saint Pierre arrive à Rome, ayant avec lui son disciple saint Martial, à cause des grandes facilités de communication existant déjà à cette époque dans l'empire romain. Amator et Véronique l'apprennent ; ils se rendent auprès de lui.

Vers l'an 44, saint Pierre envoya saint Martial en Gaule ; Amator et Véronique l'accompagnent. Nous les trouvons à Else (Italie), assistant à la résurrection d'Austriclinien.

Arrivés en Gaule, nos deux époux se séparent de saint Martial. Ils reviennent à leur pauvre cabane, où ils vivent en ermites, prêchant la bonne doctrine par leur exemple et par leur parole, imitant la vie de sainte Marthe et de sainte Madeleine en Provence.

Saint Martial évangélise Marseille, Mende, le Puy, Bourges, Tours, Poitiers, Limoges, Périgueux Angoulême, Saintes, Mortagne et arrive à Soulac.

Saint Amator et sainte Véronique se joignent alors à lui et l'accompagnent pendant qu'il prêche en Aquitaine.

Saint Martial parcourt alors Bordeaux, Bazas, Agen, Toulouse, Cahors, revient à Mende, au Puy, prêche à Clermont, à Aurillac, à Tulle et rentre à Limoges, ayant toujours avec lui sainte Véronique.

En parcourant ces villes, saint Martial établit des églises et y laisse des évêques chargés de les gouverner. Sainte Véronique dote ces églises de reliques précieuses.

C'est ainsi qu'elle laisse à Rodez un soulier

de la sainte Vierge, le voile qui ceignit les reins de Notre-Seigneur sur la croix, deux ampoules contenant l'une du lait, l'autre du sang, une parcelle de la vraie croix. Ces reliques, longtemps cachées, furent découvertes en 1275.

Saint Martial déposa de même un soulier de la sainte Vierge au Puy, des cheveux de la même mère de Dieu à Mende et à Clermont.

Nous sommes en 64 ; sainte Véronique se retire à Soulac, ne conservant d'autre relique que le seul lait de la très sainte Vierge. Saint Martial envoya saint Amator à Rome auprès de saint Pierre, afin de lui rendre compte de ses travaux apostoliques.

Dans ce voyage, saint Amator apporta à Rome le voile de la sainte Face, que l'on y vénère, et qui, jusqu'alors, était resté aux mains de sainte Véronique. Sur l'ordre de son épouse, il la remit à saint Clément, évêque-vicaire de Rome. *Ab eadem ex testamento Clementi pontifice relicta est.* (Bréviaire ambroisien, IVᵉ siècle.)

Saint Amadour reste deux ans à Rome. Il assiste au martyre de saint Pierre; il rapporte en Gaule des reliques du prince des apôtres.

Peu de temps après son retour, vers 70, sainte Véronique rend son âme à Dieu. Saint Amadour se retire alors dans une âpre gorge du Quercy, où il peut satisfaire complètement son amour pour la solitude et la contemplation.

Au milieu des rochers de Rocamadour, notre saint élève un petit sanctuaire à la Mère de

Dieu. Ce lieu béni devait devenir le célèbre pèlerinage que nous connaissons tous.

III

Lors de son évangélisation par saint Martial, Cahors était une ville considérable. Elle avait au moins 30,000 habitants ; quelques auteurs portent même ce chiffre à 60,000.

D'après une tradition constante, saint Martial et ses compagnons souffrirent persécution dans nos murs. Ils furent obligés de se réfugier dans une grotte située en face Pradines.

Mis en prison, ils convertirent le geôlier et furent délivrés.

Saint Martial renverse alors les idoles. Il consacre au vrai Dieu le temple des païens, situé sur l'emplacement de la cathédrale actuelle, et le dédie à saint Etienne, proto-martyr.

Il est indubitable que le premier apôtre de Cahors, dut, comme dans les autres villes qu'il avait évangélisées, laisser un évêque pour diriger cette église naissante.

Comme à Rodez, au Puy, à Mende, à Clermont, il dut enrichir notre cathédrale de reliques précieuses.

Ce premier évêque fut-il saint Amadour ? C'est ce que nous dit la première des traditions citées. Elle est vraisemblable.

On pourrait objecter que l'on fait pour saint Amadour l'office des confesseurs non pontifes.

D'abord, saint Amadour n'est pas mort

évêque de Cahors. En second lieu, nous pouvons citer saint Caprais, évêque d'Agen à cette époque. Depuis quelques années à peine, on prend pour sa fête l'office au commun des confesseurs pontifes.

Comme les reliques de Rodez, du Puy, etc., de Rome surtout, la sainte Coiffe, conservée par de pieux fidèles, aurait traversé la période des persécutions.

Après saint Amadour, l'église de Cahors serait tombée sous le régime des évêques régionnaires.

Du temps de l'empereur Dèce, vers 260, le pape Sixte II désigne pour évêque de Cahors saint Génulphe. Ce saint, arrivé dans nos murs, convertit le gouverneur de Cahors et son épouse.

Cette dernière voulut que l'on gravât sur son tombeau les actes de saint Génulphe. Ce monument se trouvait d'abord dans l'église de Thémines ; il servit plus tard à renfermer le corps de saint Géry.

Parmi les bas-reliefs, on y voyait une tête informe, recouverte d'une coiffure faite *en forme de béguin*. Le reste du corps se terminait en colonne, posée dans un autel fait d'un tronc d'arbre. Une femme prosternée devant donnait des signes de vénération.

Le tombeau n'existe plus. L'historien du Quercy, Lacoste, en parle à la page 131 du premier volume. Il y est dit que Dominicy, crut voir dans cette figure une idole et pensa que l'artiste avait mêlé le sacré au profane. C'est une opinion personnelle que nous sommes libres de rejeter.

Nous appelons l'attention des archéologues sur ce point. Le béguin ne serait-il pas la sainte Coiffe ? La statue, le support grossier sur lequel elle aurait été exposée à la vénération des premiers chrétiens du Quercy ? L'autel fait d'un tronc d'arbre ne rappellerait-il pas le lieu pauvre et sauvage dans lequel elle serait restée cachée pendant les persécutions, probablement quelque grotte ? Dans le cas de l'affirmative, l'épouse de Dioscorus aurait tenu sans doute à ce que son tombeau portât la trace de sa dévotion pour la précieuse relique que possédait déjà Cahors.

Cette interprétation nous semble aussi plausible que celle de Dominicy, qui fait de ce bloc grossier une statue de Mercure.

Le fait est trop important pour que nous nous prononcions définitivement. C'est peut-être la clef du problème que nous cherchons à résoudre.

Nous allons passer rapidement sur les faits antérieurs à l'époque des carlovingiens. Nous ferons toutefois remarquer qu'entre saint Génulphe et saint Florent, le deuxième évêque de Cahors connu, il y a une grande lacune. Pour le siècle qui précède et celui qui suit saint Génulphe, on n'a rien de précis.

Signalons la persécution religieuse d'Euric, roi des Visigoths, au cinquième siècle. Les églises sont fermées ; les fidèles sont dispersés.

Au sixième siècle, Théodebert, fils de Chilpéric, détruisit la ville de Cahors de fond en comble. L'ancien temple romain, qui servait de cathédrale, est détruit par l'incendie.

Au septième siècle, surviennent les Sarrasins.

La ville de Cahors est prise par eux. Les chrétiens sont obligés de se réfugier dans des grottes et des cavernes.

Déjà quelques monastères existaient en Quercy. Dans une gorge déserte et abrupte se trouvait celui de Marcillac. Dans la tradition, le nom de ce monastère est intimement lié à celui de la sainte Coiffe.

A l'approche des Sarrasins, les moines de l'abbaye de Coronzac apportèrent à Marcillac ce qu'ils avaient de plus précieux, en particulier les reliques de saint Amadou, *évêque d'Auxerre* et de Saint-Germain. Les moines de Marcillac cachèrent, paraît-il, dans le sanctuaire de Rocamadour, le corps de cet autre saint Amadou. Quelques historiens ont voulu voir dans ce fait l'origine de Rocamadour et de la légende de saint Amadou, disciple de Jésus-Christ.

Nous répondrons que ce fait pourrait peut-être expliquer l'origine de Rocamadour, en Quercy ; mais on n'admettra pas, pensons-nous, qu'il ait donné lieu aux traditions de l'île Zante, de l'Espagne ; de la ville d'Else, en Italie ; de Soulac, de Rodez, du Puy et de tant d'autres villes d'Aquitaine.

Les Sarrasins s'emparèrent de Cahors en l'an 663. Ils furent définitivement chassés du Quercy par Pépin le Bref dans les premières années de son règne, vers 742.

Avant d'étudier le règne de Pépin et de Charlemagne, il est bon, croyons-nous, d'examiner, au point de vue historique, la valeur des traditions qui rattachent le nom de ces deux monarques à l'histoire de la sainte Coiffe.

Nous ferons remarquer immédiatement que les leçons sur la sainte Coiffe qui se trouvent dans le bréviaire de Cahors sont du commencement du dix-septième siècle.

Mgr Siméon de Bopian fit rééditer le Propre des saints en 1619. C'est à cette époque que dut être modifié l'office du Saint-Suaire. Nous n'avons pas pu vérifier le fait ; il nous a été impossible de nous procurer un bréviaire antérieur au dix-huitième siècle.

En 1580, les archives de la Cathédrale avaient été brûlées ; on fut donc obligé de transformer de nouveau, à cette époque, la tradition orale en tradition écrite. C'est alors que parut l'ouvrage de Dominicy sur le Saint-Suaire de Cahors.

Ce travail, joint à la légende du bréviaire, a fortement accentué la tradition qui fait donner la sainte Coiffe par Charlemagne.

Une pièce importante qui se trouve dans la riche collection de M. Greil, et qu'il a bien voulu nous communiquer avec son obligeance ordinaire, prouve que cette tradition n'était pas la seule qui eût cours parmi les membres du chapitre de la cathédrale de Cahors, vers l'an 1600.

Après le sac des archives, en 1605, Mgr Siméon de Popiers envoya à Rome le préchantre de son chapitre, Pierre Leblanc, pour demander des indulgences en faveur de ceux qui visiteraient la chapelle du Saint-Suaire. M. Greil possède une copie du discours prononcé

LA SAINTE COIFFE.

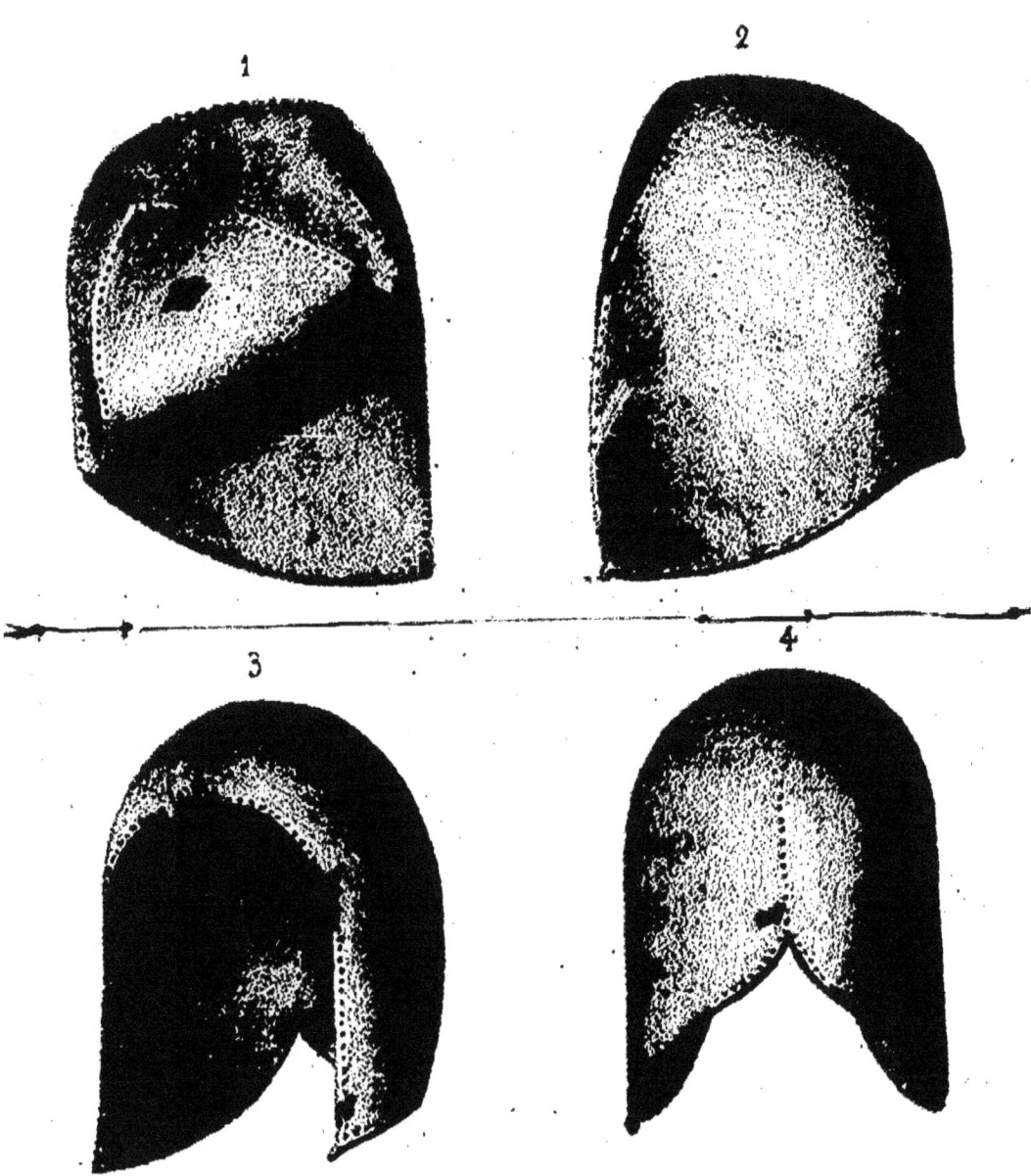

Suaire de la tête de Notre-Seigneur, conservé dans la cathédrale de Cahors.

1. Vu, le côté droit relevé.
2. Vu par côté.
3. Vu par-devant.
4. Vu par-derrière.

Les taches indiquées sont des taches de sang.

dans cette circonstance par Pierre Leblanc devant Paul V.

Nous en extrayons le passage suivant :

Celeberrimo hoc pignore fuisse dilatam à rege Pipino, dum pro arcendis ex Hispaniâ Sarracenis in Aquitaniâ morretur certâ et jutâ, præter alia indubitata monumenta, traditione confirmatur.

« En outre des monuments incontestables,
» une tradition certaine et légitime nous af-
» firme que notre ville a été enrichie de ce
» trésor par le roi Pépin, pendant qu'il était
» en Aquitaine, occupé à chasser les Sarra-
» sins d'Espagne. »

D'après le contexte, il s'agit de Pépin, père de Charlemagne.

Une circonstance particulière donne de l'importance à ce document.

L'historien des évêques de Cahors, Lacroix, fut le premier qui, dans son ouvrage, osa avancer que la cathédrale actuelle n'était pas l'ancien temple romain consacré par saint Martial.

Plusieurs membres du chapitre se réunirent pour protester; parmi eux se trouvait Pierre Leblanc, l'auteur du discours dont nous parlons.

Au commencement du dix-septième siècle, il y avait donc deux courants d'opinion. Les uns voulaient que la cathédrale de Cahors dût à Pépin le Bref la possession de la sainte Coiffe. Les autres attribuaient à Charlemagne le don de cette relique.

De Malleville, qui commence d'écrire ses *Ebasts sur l'Histoire du Quercy* en 1584, ne dit rien sur ces deux traditions, lui pourtant qui entre si souvent et si facilement dans des détails futiles.

Dominicy, qui écrivait en 1630, parle de la tradition relative à saint Amadou et à Charlemagne. Il se range à cette dernière. Il ne dit rien de celle qui fait donner la sainte Coiffe par Pépin le Bref.

IV

En appliquant aux diverses traditions relatives à saint Amadour et à sainte Véronique les règles de la critique historique et de l'art conjectural, nous avons pu reconstituer leur vie en entier.

Dans les Actes des saints, les faits sont racontés en quelque sorte par bonds ; on procède par soubresauts. L'historien cite ce dont il est absolument certain ; il laisse des lacunes.

Dans notre étude sur saint Amadour et sainte Véronique, au lieu d'admettre une tradition à l'exclusion de toutes les autres, nous nous sommes efforcé, au contraire, de faire la concordance de toutes celles qui nous étaient connues. Ce moyen nous a parfaitement réussi.

En disposant les faits suivant leur ordre chronologique, nous avons constaté que les diverses traditions, au lieu de s'anéantir les unes les autres, se corroboraient et se complétaient.

Voulant user de la même méthode relativement à la sainte Coiffe, nous avons été obligé de nous reporter au commencement du dix-septième siècle, afin de retrouver les traditions en quelque sorte à l'état vierge, de les débarrasser de tout ce qui est opinion personnelle des auteurs qui nous les ont transmises.

Le manuscrit de de Malleville, le discours de Pierre Leblanc, l'ouvrage de Dominicy, les traditions existant encore nous ont rendu cette tâche facile.

D'après le texte que nous avons cité, Pépin le Bref aurait enrichi la cathédrale de Cahors de sa précieuse relique pendant qu'il était occupé à chasser les Sarrasins d'Aquitaine. D'après ce même document, Pépin aurait reçu la sainte Coiffe des Papes.

Examinons ce qu'il y a de vraisemblable dans cette tradition et ce qu'il faut en rejeter.

Pépin le Bref monta sur le trône en 752. Il chassa les Sarrasins d'Aquitaine la première année de son règne.

Le voyage du pape Etienne en France eut lieu l'an 754. Ce pape n'est jamais venu en Quercy.

Pépin prit les armes contre Waïffre en 760. Pendant cette lutte, le Quercy fut dévasté. Les habitants, comme au temps des Sarrasins, furent obligés de se réfugier dans des grottes et des cavernes. Cahors fut de nouveau entièrement détruit. Cette guerre dura huit ans.

Nous appelons, d'autre part, l'attention sur le point d'histoire ecclésiastique suivant.

Jusqu'à l'époque de Pépin le Bref, les papes ne permettaient jamais qu'aucune relique sortît de Rome, pas même les moindres fragments d'ossements.

Les Souverains-Pontifes ne se départirent de cette règle sévère qu'après que Pépin eut rendu à la papauté les éminents services que tout le monde connaît.

Les premiers corps saints transportés de Rome en Gaule furent ceux de saint Nazaire, de saint Nabor et de saint Gorgonius. Leur translation est postérieure à l'an 754.

Nous pouvons donc retenir de la tradition en question que Pépin enrichit la cathédrale de Cahors de la précieuse relique qu'elle possède en l'an 752.

Mais il n'est pas admissible qu'à cette époque elle ait été déjà donnée à Pépin par le pape.

Pour adopter la tradition que nous étudions, il faut accorder que la sainte Coiffe était déjà en Gaule au temps de Pépin le Bref, ce qui ne peut s'expliquer qu'en la faisant remonter aux temps apostoliques.

Lors de l'invasion des Sarrasins, cette insigne relique aurait disparu de la cathédrale de Cahors ; elle aurait été cachée. N'aurait-elle pas été transportée à Marcillac ? C'est pour nous ce qu'il y aurait de plus probable.

Pépin, en relevant Cahors de ses ruines, n'aurait fait que lui rendre le trésor qu'elle avait déjà possédé.

Etant restée près d'un siècle dans le monastère de Marcillac, cette translation ne dut pas se faire sans des résistances de la part des religieux. Pépin fut, sans doute, obligé d'intervenir.

Dans cet ensemble de faits résiderait l'origine de la tradition admise par Pierre Leblanc.

Parce que l'on accepterait la tradition qui rattache le nom de Pépin à l'histoire de la sainte Coiffe, faudrait-il pour cela rejeter absolument celle qui veut faire jouer à Charlemagne le plus grand rôle ? Ce n'est pas certainement notre avis.

La tradition relative à Charlemagne est formelle et précise.

Pour en bien faire saisir la valeur, nous allons dire aussi quelques mots sur le règne de ce grand monarque.

A peine monté sur le trône, en 768, accompagné de saint Namphaise, un de ses officiers, aussi recommandable par sa bravoure que par sa piété, Charlemagne se rend en Aquitaine et s'efforce de faire disparaître la trace des désastres récents.

En 774, le roi des Francs se rend à Rome. Il admire la magnificence de la Ville éternelle, il veut faire d'Aix-la-Chapelle une autre Rome. Recueillant *dans toutes les parties du monde* les reliques les plus précieuses, Charlemagne en dote sa cathédrale.

L'enthousiasme avec lequel étaient reçues en France les reliques de Notre-Seigneur et des saints est frappant ; on le trouve décrit dans toutes les histoires ecclésiastiques.

L'anecdote de l'éponge qui avait servi au crucifiement de Notre-Seigneur, découverte à Mantoue en l'an 800, précise la dévotion de

Charlemagne à l'égard des reliques de Notre-Seigneur et nous montre combien il était avide de les posséder.

L'expédition de Charlemagne contre les Sarrasins d'Espagne commence en 777. Le lieu de rendez-vous des troupes est situé non loin du Quercy, à Casseneuil, résidence royale située au confluent du Lot et de la Garonne.

En 780, Charlemagne fait son deuxième voyage à Rome.

Il y reçoit, pour la première fois, les ambassadeurs d'Irène, impératrice de Constantinople.

Charlemagne avait pu, sans doute, obtenir quelques reliques du Saint-Père lors de son premier voyage. Toutefois, c'est en 781 qu'il faut fixer la date du premier envoi de reliques fait d'Orient à Charlemagne, c'est-à-dire l'époque où il commence à en posséder de très remarquables.

Les présents de cette sorte se succédèrent rapidement.

En 786, Charlemagne reçoit une ambassade de Constantin ; en 798, une nouvelle d'Irène. En 799, arrivent les envoyés d'Haroun-al-Raschid ; en 800, ceux du patriarche de Jérusalem. En 807, le roi des Perses fait parvenir de nouveau à l'empereur d'Occident les présents les plus précieux.

Connaissant la piété de Charlemagne, les divers monarques lui envoient préférablement à tout des reliques.

C'est ainsi que le roi des Francs se procure les insignes trésors qu'il dépose à Aix-la-Chapelle. On ignore la provenance spéciale de chaque objet pris individuellement ; mais on sait d'une façon certaine qu'ils remontent tous à Charlemagne.

Parmi les principales de ces reliques, nous citerons : les linceuls ayant servi à ensevelir Notre-Seigneur, un suaire de la tête de forme rectangulaire, la robe blanche de la très sainte Vierge, les saintes langes, le drap sur lequel saint Jean fut décapité, une toile qui ceignait aussi les reins de Notre-Seigneur sur la croix, un fragment du roseau qui servit de sceptre à Jésus, un morceau de linge dont le visage du Sauveur fut couvert dans la maison de Caïphe, un morceau de la vraie croix enchâssé dans une croix en or, une image de la sainte Vierge taillée dans une agathe verte due à saint Luc, et un médaillon contenant des cheveux de la bienheureuse vierge Marie.

Charlemagne portait constamment sur lui ces trois derniers reliquaires.

Le suaire et les linceuls furent donnés par Louis le Débonnaire, à une abbaye qu'il fonda non loin d'Aix-la-Chapelle, à Corneli-Munster.

Charles le Chauve prit aussi plusieurs reliques dans le trésor d'Aix-la-Chapelle. Cet empereur fit don à Chartres d'une tunique ayant appartenu à la très sainte Vierge, et à Compiègne d'un des linceuls ayant servi à envelopper le corps de Notre-Seigneur dans le tombeau.

D'après la *Chronique de Saint-Denis*, Charlemagne aurait mis toutes ces reliques dans un sac de peau de buffle et les aurait portées constamment suspendues à son cou dans ses campagnes.

Quand et comment la sainte Coiffe a-t-elle été donnée par Charlemagne à l'église de Cahors ?

La tradition existant encore aujourd'hui nous apprend que Charlemagne donna la sainte Coiffe à un de ses parents, qui était abbé, les uns disent de Duravel, les autres de Marcillac et qui devint évêque de Cahors.

D'après la même tradition, Charlemagne aurait voulu récompenser ainsi la vaillance déployée par les populations du Quercy pendant la guerre contre les Sarrasins d'Espagne.

Nous allons étudier avec soin cette tradition et l'analyser avec toute la précision possible.

V

D'après la tradition, la sainte Coiffe est un don de Charlemagne.

Vu l'importance de la chose donnée et suivant les usages du temps, ce don dut être fait par un acte authentique signé de Charlemagne lui-même ou scellé de son sceau.

Dans quelles circonstances Cahors a-t-il été l'objet des libéralités du grand roi qui gouvernait alors les Francs ? Nous allons essayer de résoudre la question.

La tradition nous dit que Charlemagne donna la sainte Coiffe à un de ses parents, abbé de Duravel ou de Marcillac.

Le monastère de Duravel n'existait pas à

cette époque ; il ne peut donc s'agir que de celui de Marcillac. Le parent de Charlemagne en question doit être saint Namphaise.

Racontons la vie de ce saint :

Saint Namphaise, d'après ses actes, était parent de Charlemagne. Brillant officier de sa cour, il se faisait autant distinguer par sa piété que par sa bravoure.

Comme nous l'avons dit, Namphaise accompagna Charlemagne en Quercy lorsque, dans les premières années de son règne, il vint rétablir la paix et la prospérité dans cette province.

D'après les mêmes actes, au retour de la campagne contre les Sarrasins d'Espagne, Charlemagne traverse le Quercy. Namphaise abandonne alors la carrière des armes et les honneurs de la cour pour mener une vie plus parfaite : la vie religieuse.

La tradition du monastère de Marcillac et de la paroisse de Lunegarde nous apprend que saint Namphaise restaura ce monastère et en devint abbé.

La paroisse de Lunegarde possède en ce moment encore trois reliques précieuses : une portion du voile qui couvrit la Face de Notre-Seigneur chez Caïphe, un morceau du roseau que les Juifs mirent par dérision entre les mains du Sauveur, lors de l'*Ecce Homo*, et un fragment de la vraie Croix.

D'après une tradition constante et *sans variante*, ces trois reliques furent données à saint Namphaise par Charlemagne lui-même. Elles restèrent dans le monastère de Marcillac jusqu'aux guerres de religion. On les transporta alors dans l'église de Lunegarde pour les mettre en sûreté.

Les actes de saint Namphaise racontent que vers la fin de sa vie, ce saint n'était plus dans un monastère et vivait dans la solitude.

Par charité pour les habitants du Causse, il s'occupait à creuser dans les rochers des lacs afin qu'il fût possible de se procurer en tout temps l'eau nécessaire.

Saint Namphaise fut tué par un taureau furieux. Ses reliques sont conservées dans l'église de Caniac.

Nous avons suivi les actes de saint Namphaise, qui se trouvent dans la *Vie des Evêques de Cahors*, par Lacroix.

Ceux qui sont actuellement dans le *Bréviaire* de Cahors ont moins de valeur au point de vue historique.

D'après ce que nous venons de dire, il est évident que le parent de Charlemagne dont il est question dans la tradition populaire relative à la sainte Coiffe ne peut être que saint Namphaise.

Voyons s'il est possible qu'il ait été évêque de Cahors :

En ouvrant l'*Ordo* du diocèse et en parcourant la nomenclature des évêques de Cahors qu'il contient, on remarquera qu'à l'époque dont nous parlons il y a une lacune.

Saint Ambroise, cet évêque qui, pour mener la vie de solitaire, se retira dans une grotte en face le château de Laroque-des-Arcs, siégeait sous Pépin.

Le nom d'Ayma, évêque de Cahors, figure dans la relation de l'inauguration du monastère de Valgelon, près d'Aniane, diocèse de Montpellier. Ce fait ne peut pas être antérieur à l'an 804. Cet évêque est même douteux.

Le premier acte connu d'une manière certaine de son successeur Angarn est de 819.

Saint Namphaise a donc pu être évêque de Cahors.

Ses actes se taisent, il est vrai, sur ce point ; pour nous, c'est simplement une lacune. Ils ne disent pas non plus qu'il ait séjourné à Marcillac, qu'il en ait été l'abbé, qu'il ait reçu des reliques de Charlemagne. C'était pourtant une tradition constante dans le monastère qu'il avait restauré.

La tradition est le témoignage des peuples. Du moment qu'on démontre qu'elle n'est pas en contradiction avec des faits certains, notre avis est qu'on doit l'admettre.

Fixons l'époque où saint Namphaise reçut de Charlemagne les reliques de Marcillac et la sainte Coiffe de Cahors.

Au retour de l'expédition d'Espagne, Charlemagne n'avait pas en sa possession les reliques conservées à Marcillac. Cette expédition eut lieu en 778 ; le roi des Francs reçut les premières reliques de Constantinople en 781.

Lui eussent-elles été données par le Pape, lors de son premier voyage à Rome, en 774, Charlemagne ne s'en serait pas séparé à ce moment-là : il en possédait encore une trop petite quantité.

Dans un monastère de Bavière, on conserve un morceau du roseau de l'*Ecce Homo*. On sait formellement qu'il vient de Constantinople.

Notre opinion est que saint Namphaise reçut de Charlemagne les reliques dont nous nous occupons à l'époque où il fut désigné par lui pour occuper le siège épiscopal de Cahors, postérieurement à 781, à une époque que nous n'avons encore pu déterminer d'une manière totalement précise.

Nous rappellerons que les Papes avaient accordé à Pepin le Bref le droit de désigner les évêques.

Saint Namphaise dut rester peu de temps sur le siège épiscopal de Cahors. Imitant son prédécesseur presque immédiat, saint Ambroise, il se retira, lui aussi, dans la solitude.

Après avoir établi la remise de la sainte Coiffe aux mains de saint Namphaise, il nous reste à rechercher la provenance de cette précieuse relique, à justifier les libéralités de Charlemagne pour le monastère de Marcillac et la cathédrale de Cahors.

Charlemagne, dit-on, a voulu récompenser la bravoure des habitants du Quercy ; saint Namphaise était parent de Charlemagne. Ces raisons sont plausibles, il est vrai ; elles ne nous semblent pas absolument suffisantes.

D'abord, Charlemagne ne put pas récompenser nos ancêtres immédiatement après la campagne contre les Sarrasins ; il ne possédait pas encore les reliques qu'on vénère à Lunegarde.

En second lieu, comment expliquer que le roi des Francs ne donne à saint Namphaise qu'une partie du voile qui a servi à couvrir la

Face de Notre-Seigneur, que quelques pouces du roseau et qu'il se sépare du plus précieux de tous les suaires, de celui qui était unique par sa forme ?

Les deux remarques que nous venons de faire nous empêchent d'admettre la tradition de Charlemagne à l'*exclusion* de toutes les autres ; nous préférons les concilier en admettant que ce monarque n'a fait que rendre à Cahors la relique qu'elle avait déjà possédée et lui en assurer d'une manière précise la possession.

Pendant la lutte contre Waïffre, la sainte Coiffe aurait été rapportée à Marcillac. Par sa situation, ce monastère devait échapper aux ravages de la guerre. On le voit, en effet, plus tard, être à l'abri même des excursions des Normands.

Nous savons qu'à son retour de Rome, Charlemagne fit les plus grands efforts pour se procurer des reliques précieuses.

Ayant une maison de plaisance à Casseneuil, ayant parcouru le Quercy, le roi des Francs ne devait pas manquer de connaître celle de Marcillac. Les reliques de Rodez étaient déjà probablement cachées à cette époque.

A cause des services rendus à la papauté, à l'occasion surtout de la campagne contre les Sarrasins, les moines de Marcillac durent faire présent à Charlemagne du trésor qu'ils possédaient.

Le roi des Francs dut l'emporter avec lui dans sa campagne en Espagne, comme il fera plus tard des autres reliques du Sauveur quand il les aura en sa possession.

Saint Namphaise, abbé de Marcillac, élevé à l'évêché de Cahors, dut redemander à Charlemagne la relique précieuse, invoquant, sans doute, la bravoure déployée par nos pères contre les Sarrasins.

Pour éviter toute compétition de la part des moines de Marcillac, Charlemagne aurait alors donné à leur monastère, en compensation, les trois reliques dont nous avons parlé et par un acte, un don formel, aurait assuré à la cathédrale de Cahors la possession de la sainte Coiffe.

Cette charte se serait perdue plus tard, mais le souvenir s'en serait perpétué dans la mémoire des peuples et aurait donné lieu à la tradition qui existe encore de nos jours.

La remise de la sainte Coiffe aux mains de saint Namphaise, nous l'avons constatée facilement.

Quelle est la provenance de cette relique? Vient-elle d'Irène? vient-elle d'Haroun-al-Raschid ? vient-elle de Jérusalem ou de Rome. C'est la question qu'on s'est posée jusqu'à présent.

En présence des traditions relatives à saint Amadour et à Pépin, nous croyons que ce qu'il y a de plus plausible, c'est d'admettre que la sainte Coiffe est dans notre cathédrale depuis les temps apostoliques, Pépin et Charlemagne n'ayant fait que la rendre à la ville de Cahors et lui en assurer la possession dans les circonstances que nous avons indiquées.

Pour terminer ce travail, nous allons, dans

quelques mots rapides, signaler les événements remarquables postérieurs à Charlemagne.

VI

Lors de son deuxième voyage à Rome, Charlemagne fit couronner roi d'Aquitaine son fils Louis.

Ce prince devint, plus tard, roi des Francs sous le nom de Louis le Débonnaire et désigna pour lui succéder sur le trône d'Aquitaine son fils Pépin II.

C'est ce Pépin qui fonda l'abbaye de Figeac; nous nous sommes demandé si ce ne serait pas ce prince qui aurait également donné la sainte Coiffe à la cathédrale de Cahors.

Le discours de Pierre Leblanc, écrit en très beau latin, contient de nombreux anachronismes ; aussi aurions-nous adopté facilement cette dernière version si elle n'était pas absolument inconciliable avec tous les faits connus.

Nous avons examiné ce point avec d'autant plus de soin que toutes les personnes à qui nous avons soumis le discours en question lui ont attribué une très grande valeur.

Un savant éminent de l'ordre des Bénédictins nous répondait qu'il était pour lui d'une importance capitale.

De Charlemagne à la prise de Cahors par les huguenots, on connaît bien peu de chose relatif à la sainte Coiffe.

Nous avons parlé du sacre de l'autel du

Saint-Suaire par le pape Calixte II et de la bulle de 1487.

D'après de Malleville, citant François de Roaldès, la sainte Coiffe serait restée cachée pendant plus d'un siècle lors de la guerre des Anglais.

Nous savons qu'au moyen âge la sainte Coiffe de Cahors était en très grande vénération. Pendant les fêtes de la Pentecôte, il y avait dans notre ville un grand concours de peuple. Les miracles étaient nombreux.

De tout cela il ne nous est rien resté, pas un écrit, pas un morceau de parchemin.

Devons-nous en être surpris ? Sait-on seulement à quelle époque remonte notre cathédrale ?

Cependant, cet immense édifice a dû demander plus d'un demi-siècle pour sa construction.

Les conjectures que nous avons faites au sujet de la sainte Coiffe seront peut-être trouvées un peu hardies. N'ayant pas de moindre document écrit antérieur au dix-septième siècle, nous avons été obligé de nous rejeter du côté de la tradition. Dans ce cas, on ne peut que constater et contrôler.

La tradition étant une affirmation des peuples, on ne peut la révoquer en doute qu'en établissant son inexactitude ou son absurdité.

Existe-t-il des documents écrits ? Nous le pensons. Nous allons même nous permettre de signaler les points sur lesquels nous croyons que doivent porter les recherches.

Dès l'époque de Charlemagne, les monastères avaient l'habitude d'écrire leurs chroniques.

Nous savons que celles de Marcillac sont à la Bibliothèque nationale, à Paris.

Dans cette même bibliothèque, on retrouvera sans doute quelque très ancien bréviaire de Cahors qui nous fournira des renseignements utiles.

Il est impossible que quelque moine, quelque pèlerin, n'ait pas écrit l'histoire du Saint-Suaire de Cahors. Ce précieux document est probablement dans la poussière de quelque grenier, ou dans les rayons d'une bibliothèque éloignée dans un pays pour lequel il est sans intérêt.

Les *Vies* de saint Namphaise, vulgairement *saint Nauphary*, pourraient éclaircir bien des points.

Il doit exister aux archives du Vatican des pièces contemporaines de l'époque où ce solitaire fut élevé au rang des saints.

Le linge précieux, vénéré actuellement à Lunegarde, portait le nom vulgaire de saint Bandeau ou *saint Bandel*. Son histoire est certainement liée à celle de la sainte Coiffe.

Le jurisconsulte François de Roaldès a dû composer quelque écrit sur la sainte relique que nous étudions ; de Malleville l'indique ; qu'est devenu ce travail précieux ?

On retrouvera certainement à Rome le texte de la bulle du 22 janvier 1487.

Nous pensons que cette bulle n'a pas été accordée sans que l'évêché de Cahors ait fourni un dossier établissant l'authenticité de la sainte Coiffe. Ce document a sûrement été conservé aux archives du Vatican. Nous avons fait des efforts pour le faire rechercher ; nous n'avons pas encore pu aboutir.

Il y a peut-être aussi quelque chose dans la même bibliothèque vaticane parmi les pièces de l'époque du pape Calixte II.

Enfin, des recherches faites au sujet des monastères existant du temps de Charlemagne, restaurés par ce monarque et enrichis par lui de reliques, permettraient, en procédant par analogie, de deviner, en quelque sorte, ce qui a dû se passer relativement à saint-Namphaise et à l'abbaye de Marcillac.

Nous appelons l'attention des chercheurs sur ces divers points.

Nous remercions d'avance ceux qui voudront bien faire pour nous quelque découverte.

Nous avons jusqu'à présent trouvé une admirable bonne volonté chez toutes les personnes à qui nous nous sommes adressé, et elles sont nombreuses.

Nous n'avons qu'un regret: c'est celui de ne pas pouvoir leur témoigner la reconnaissance qu'elles méritent.

Quelques rares écrits nous ont conservé ce qui s'est passé de remarquable depuis 1580 jusqu'à nos jours.

Après s'être emparés de la ville de Cahors, les huguenots pillèrent la cathédrale. Ils brûlèrent les reliques et jetèrent les cendres dans le Lot.

La sainte Coiffe était à cette époque placée sur un bloc d'argent massif et renfermée dans une magnifique châsse. Un soldat huguenot s'en empara.

N'ajoutant aucune importance au linge que contient le reliquaire, en passant sur l'ancien pont de Notre-Dame, il le jette dans la rivière.

La sainte Coiffe tombe sur la berge. Une vieille femme l'arrache à un animal immonde qui la traînait dans la boue. Croyant que ce qu'elle vient de trouver est un vulgaire bonnet, elle va le nettoyer dans la fontaine de Saint-Georges, située non loin de là.

Le linge se met à saigner. Une autre femme qui lavait à côté d'elle, reconnut la sainte Coiffe. Un serviteur du comte de Hauteserre vient à passer et offre de racheter la précieuse relique.

Son maître était en ce moment prisonnier. Il était enfermé dans une maison qui existe encore. Elle appartient à la famille Eloux, rue du Portail-Alban. Les Dames du Calvaire occupent l'ancienne maison Hauteserre.

La sainte Coiffe fut payée deux quartons de blé.

Dadine d'Hauteserre, possesseur du Saint Suaire, le cache sur sa poitrine et s'évade, en quelque sorte miraculeusement.

Peu de temps après, il remettait la précieuse relique aux mains de l'évêque de Cahors, Hebrard de Saint-Sulpice, qui s'était retiré à Albas.

Pendant la grande Révolution, la sainte Coiffe fut sauvée par l'évêque assermenté.

Le culte de Notre-Dame de Rocamadour et celui de la sainte Coiffe ne reprirent pas, immédiatement après la tourmente révolutionnaire, leur ancien éclat

L'enthousiasme qui a entraîné les foules

vers Lourdes a aussi ramené les pèlerins vers le vieux sanctuaire de la Mère de Dieu.

La dévotion à la douloureuse Face de Notre-Seigneur porte de nouveau l'attention sur les reliques de la Passion.

S. G. Mgr Grimardias a rétabli le sanctuaire de Rocamadour dans son ancienne splendeur ; sa sollicitude n'a pas été moins grande à l'égard de la sainte Coiffe.

Grâce au zèle de Sa Grandeur, cette précieuse relique repose aujourd'hui dans une magnifique chapelle, ornée avec le plus grand goût par un artiste de talent, notre compatriote, M. Calmon.

Héritiers de la vieille foi de leurs ancêtres, les habitants du Quercy, et surtout de Cahors, ont toujours la plus grande dévotion envers la relique que Dieu leur a confiée. Aussi ne désespérons-nous pas de voir recommencer aux fêtes de la Pentecôte l'affluence d'autrefois.

Les chrétiens fervents savent d'ailleurs que derrière le chœur de la cathédrale se trouve une chapelle où l'on conserve une relique à la vénération de laquelle Dieu a attaché les plus grandes faveurs.

M. BOURRIÈRES.

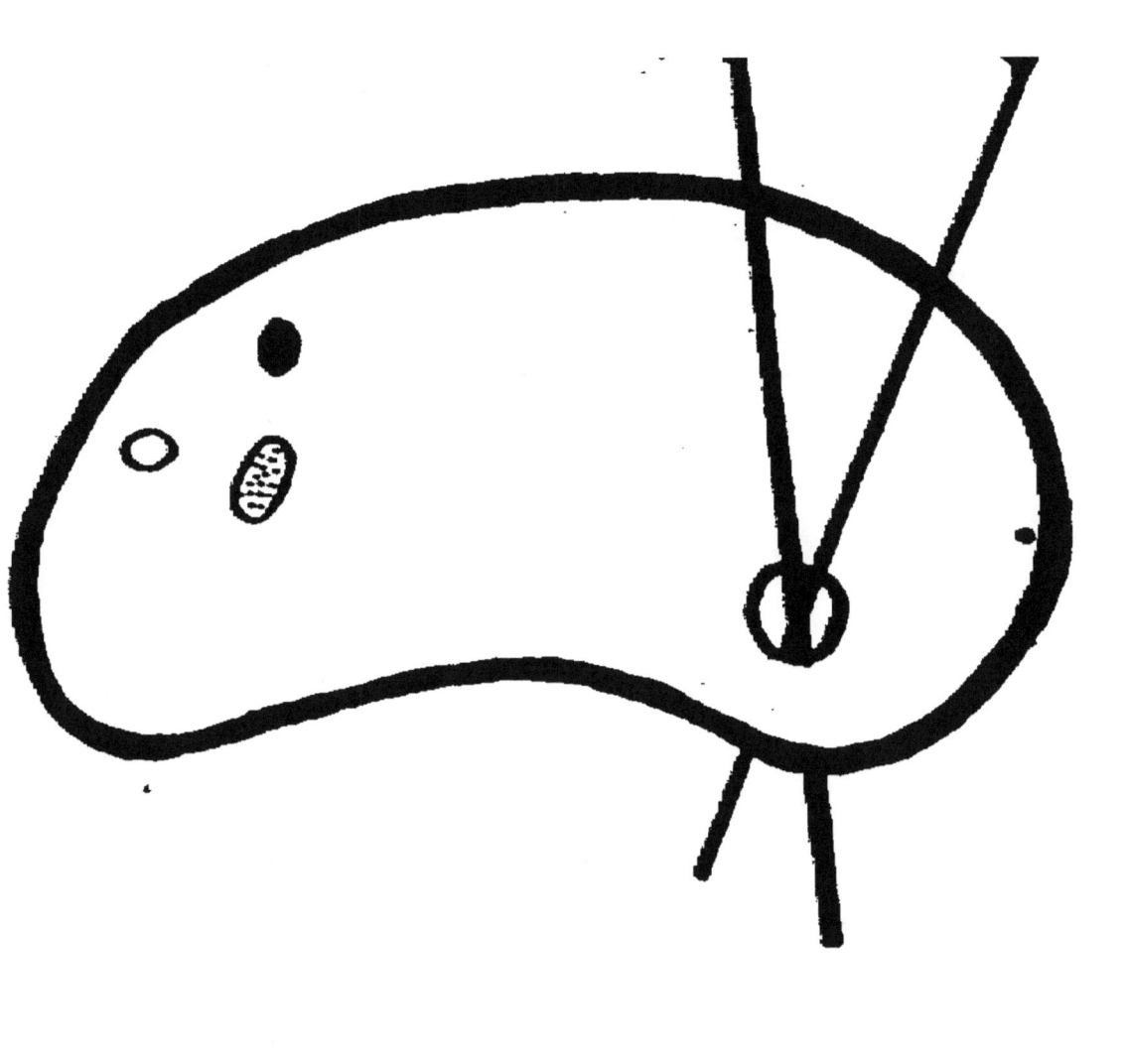

www.ingramcontent.com/pod-product-compliance
Lightning Source LLC
Chambersburg PA
CBHW070658050426
42451CB00008B/420